Average Neuroses
Gennemsnitsneuroser

Marianne Koluda Hansen

Translated from Danish by
Michael Goldman

SPUYTEN DUYVIL
New York City

Many thanks to the following journals in which these translations first appeared.

All We Can Hold: "Children"
Apple Valley Review: "The Truth," "Anxiety"
Catch and Release: "A girlfriend"
Drafthorse Journal: "Merethe," "Vacation"
International Poetry Review: "Friday evening in Acme"
Mantis: "Kiss the frog," "The organism's function"
Meat for Tea: "The lilacs," "Liver"
Metamorphoses: "Dear Girlfriends," "Average Neuroses"
Naugatuck River Review: "Left"
Plume: "The Calendar," "Violence," "Virgin Birth"
Saranac Review: "The Shadows," "Belief," "Little Red Riding Hood"

Sincere appreciation to The Danish Arts Foundation for their financial support towards the translation and publication of this book. Sincere appreciation as well to Søren Andersen for his cooperation in the translation and publication of this book.

THE DANISH ARTS FOUNDATION

©2017 Søren Andersen
Translation ©2017 Michael Goldman
ISBN 978-1-944682-35-4
Cover © James Steinberg

Library of Congress Cataloging In Publication Data applied for.

Contents

viii	Forord	Foreword
1	Fredag aften i Irma	Friday evening in Acme
5	Virkeligheden	Reality
11	Angst	Anxiety
17	Syrenerne	The Lilacs
23	Forladt	Left
25	Ferie	Vacation
31	Jomfrufødsel	Virgin birth
37	Børn	Children
39	Vold	Violence
43	Kalenderen	The Calendar
47	Lever	Liver
53	Onsdagsklubben	The Wednesday Club
59	En veninde	A girlfriend
65	Gennemsnitsneuroser	Average neuroses
75	Personlighed	Personality
83	Merethe	Merethe
93	Kære Veninder	Dear girlfriends
99	Princesse for en dag	Princess for a day
103	Omelet surprise	Omelet surprise
105	Det første bud	The first commandment
107	Kys frøen	Kiss the frog
111	Rødhætte	Little Red Riding Hood
117	Organismens funktion	The organism's function
121	Skyggerne	The shadows
123	Min datter	My daughter
129	Ingenmandsland	No man's land
133	Lykken	Happiness
137	Passionsfrugter	Passion fruit
141	Atlantis	Atlantis
145	Tro	Belief
149	Sandheden	The truth
155	Noget	Something
157	Afterword by the translator	

Forord

Som Mariannes ægtefælle gennem 36 år har jeg haft et helt særligt kendskab til hendes liv og karriere som forfatter, kunstner, lærer og mor på godt og ondt.

Lige som Marianne i sine digte kommer ud i alle afkroge af sin personlighed, kunne hun, som den gode samtalepartner hun var, på rekordtid få andre til at lukke op for deres inderste følelsesliv. Som alle andre nød jeg også godt af hendes formidable evne til at lytte. På trods af det sloges hun selv med barndomstraumer og psykiske problemer.

I de perioder hvor hvor hun havde det dårligt, havde hun en tendens til at isolere sig. Det virkede som om hun syntes, hun skulle gøre sig fortjent til andres selskab.

Denne digtsamling indeholder hendes bedste digte fra sidst i 1970'erne og først i 1980'erne. Digtene fik på det tidspunkt gode anmeldelser, men hendes mentale helbred gjorde hende senere ude af stand til at skrive.

Hun blev indlagt på hospitalet med en hjerneblødning og døde i februar 2014. Den sidste dag på hospitalet, hvor jeg havde kontakt med hende, kunne jeg vise hende brev fra Michael Goldman, som tilbød at oversætte hendes digte og få dem udgivet i USA, og jeg kunne se, hun blev rigtigt glad for, at hendes digte nu kom ud til de amerikanske læsere.

Jeg forestiller mig at hun ville have været glad for at dele sin humor, og dybe følelsesliv gennem denne digtsamling med nye læsere.

Søren Andersen
Brønshøj, Denmark
September 2016

Foreword

As Marianne's husband of 36 years, I have been in a unique position to witness her suffering and grace throughout her life and career as a writer, artist, teacher, and mother.

In the same way that Marianne, in her poetry, revealed all the recesses of her personality, she was also able, in conversation with others, to get them to open up to their own deep emotional lives. I, and many others, benefitted from her tremendous ability to listen, despite the fact that she struggled with childhood traumas and mental health issues.

In periods when she wasn't well, she tended to isolate herself. It was as if, at those times, she felt undeserving of the company of others.

Her best poetry was written in the late 1970s and early 1980s – the work that appears in this book. She did readings then, and received good reviews from literary critics. But her mental health problems eventually impaired her ability to write.

During the final years of her life Marianne stopped writing entirely. She was hospitalized for a stroke and died in February, 2014. On the last day she still could communicate, at the hospital I showed Marianne the letter I had just received from Michael Goldman, who was offering to translate her poems and would try to publish them in English. I could tell this made her happy, that her writing would be made available in the USA.

I am sure that she would have been glad to see this new collection of her poems, where her humor and deepest realizations can be shared with new readers.

Søren Andersen
Brønshøj, Denmark
September 2016

Fredag aften i Irma

de har
allesammen
nogen at komme hjem til
jeg kan se det på deres
indkøbsvogne
som bugner af tryghed
samhørighed og trivsel
nakkekam på tilbud
hundemad og tv-guf
lørdagsslik til ungerne
tolitervin og bagekartofler
kæmpe- økonomi- og
familiepakker
bleer og franske oste

tunge udslidte kvinder
med strikkede huer
og stribede net
nybagte mødre
og skæggede mænd
myndige fruer
og unge par
nogen er uden overtøj
så man kan se
at bilen holder derude
og de har
allesammen
nogen at komme hjem til

og her kommer jeg
med en halv liter ymer
og en lille pakke rugbrød
nøgen
som man kun kan være det
fredag aften i Irma

Friday evening in Acme

all of them
have someone
to come home to
I can tell by their
shopping carts
that are bulging with security
belonging and well-being
neck chops on sale
dog-food and munchies
weekend candy for the kids
a half-gallon of wine and baking potatoes
giant- economy- and
family-packs
diapers and french cheeses

heavy worn-down women
with knit caps
and striped bags
brand new mothers
and bearded men
authoritative wives
and young couples
some without coats
so you can tell
that the car is waiting out there
and they all
have someone
to come home to

and here I come
with a pint of low fat yoghurt
and half a rye bread
naked
as you only can be
friday evening in Acme

det er flovt ikke at være elsket
og de kan allesammen se det
og tror ikke
at min mand bare
er ude at rejse
og ungerne på week-end
hos morfar og mormor

jeg går ud af køen igen
snupper et par engelske bøffer
en god flaske rødvin
en stor pakke rugbrød
tre par herresokker
seks æg
to poser småkager
ti kondomer
fire sutter
fyrre bleer
en liter mælk
en aftershave-lotion
og en pakke dybfrosne
pilselv-rejer
det bliver en dyr omgang
og så skal man til at stå i kø igen
det er helt skørt
men det er ligemeget
nu kan jeg lissom bedre
se folk i øjnene

it is embarrassing not being loved
and all of them can see it
and they don't believe
that my husband is just
on a trip
and the kids with their grandparents
for the weekend

I leave the line
grab a couple of steaks
a good bottle of wine
and a large rye bread
three pairs of men's socks
a dozen eggs
two bags of cookies
ten condoms
four pacifiers
forty diapers
a half gallon of milk
a bottle of after-shave
and a pack of frozen
unpeeled shrimp
it's going to be expensive
and then I've got to stand in line again
it's totally crazy
but it doesn't matter
now it's like it's easier
to look people in the eye

Virkeligheden

mine venner
lever meget forskelligt
og taler en del om
hinandens livsformer

Kurt er den filosofiske type
som læser meget
og skriver debatindlæg
og tænker sig om før han handler
og ser verden fra sit
skrivebord og hundredesytten
forskellige indfaldsvinkler og
udgangspunkter
er meget kritisk og altid på vagt
over for ideologiske overgreb

Hanne siger at Kurt ikke
tør tage springet
og vælge en livsform
selv har hun valgt den
livsform
at stå af ræset
og flytte på landet
i et kæmpemæssigt selvforsynende
biodynamisk kollektiv
hvor de dyrker magiske urter
og ælter brødet i takt til
månens skiftende faser

og Otto siger at Hanne har
svigtet klassekampen
og isoleret sig i et
enklavesamfund
fjernt fra tidernes skiften

Reality

my friends
live very differently
and talk a lot about
one another's way of life

Kurt is the philosophic type
who reads a lot
and writes op-ed pieces
and thinks before he acts
and observes the world from his
writing desk and a hundred and seventeen
different points of view and
points of reference
and is very critical and always on guard
against ideological injustice

Hanne says that Kurt doesn't
dare make the leap
and choose a way of life
she herself has chosen the
way of life
of quitting the rat race
and moving to the country
to a huge self-sufficient
biodynamic collective
where they raise magic herbs
and knead their bread in rhythm to
the changing phases of the moon

and Otto says that Hanne has
deserted the class struggle
and isolated herself
in an enclave
far from the changing times

for Otto er medlem af et parti
og er altid til møde
og læser fire aviser om dagen
for altid at være orienteret
om fjendens seneste træk

men i Anne Louises basisgruppe
er alle enige om
at politisk engagement
er neurotisk
en sublimering af de
primitive drifter
og et udslag af fremmedgørelse
over for kroppens funktioner:
den eneste sande revolution
er den sexuelle
og Anne Louise
dyrker en masse sex
med fyre hun møder rundt omkring
på værtshuse og diskoteker

men Joan siger
at Anne Louise heller skulle
tage at realisere sig selv
i stedet for at styrte rundt
for at få sig selv bekræftet
som sexobjekt på det store kødmarked
Joan har realiseret sig selv
ved at skrive romaner
om selvrealisation
og hun er blevet
meget berømt
og interviewet til TV-avisen
mens hun fortalte sin livshistorie
og klippede negle på tæerne

because Otto is a member of a party
and is always at meetings
and reads four newspapers a day
so he's always informed
about the enemy's latest move

but in Anne Louise's consciousness-raising group
everyone is agreed
that political engagement
is neurotic
a sublimation of the
primitive instincts
and a symptom of the alienation
of the body's function
the only true revolution
is the sexual
and Anne Louise
has lots of sex
with guys she meets different places
at bars and nightclubs

But Joan says
that Anne Louise would be better off trying
self-actualization
instead of running around
affirming herself
as a sex-object on the big meat market
Joan has realized her full potential
by writing novels
about self-actualization
and she has gotten
quite famous
and was interviewed on the TV news
where she told her life story
and cut her toenails

og Lise siger at Joan
hungrer efter berømmelse
på grund af for lidt
kærlighed
og Lise selv har fire børn
og en stor søvnig mand
og en moderlig barm
og en kæmpe opvask
som hun af bare kærlighed
ikke nænner at bede familien
hjælpe sig med

men Benny siger
at folk kun får børn
for at slippe for alt det spændende
som de alligevel ikke tør
rejse til fremmede lande og den slags
Benny har været i New York
seksten gange
og har pennevenner og elskerinder
i hele verden

og Kurt siger at Benny er
på evigt flugt fra sig selv
fordi han ikke
tør være alene
med sine tanker

og alle siger
at alle de andre
flygter fra virkeligheden

hvaffor en virkelighed?

and Lise says that Joan
hungers for fame
due to a lack of
love
and Lise herself has four children
and a big sleepy husband
and a motherly bosom
and lots of dirty dishes
that out of sheer love
she could never bear to ask the family
to help her with

But Benny says
that people only have children
to escape from all the exciting things
that they are afraid of doing anyway
traveling to foreign countries and that kind of thing
Benny has been in New York
sixteen times
and has pen-pals and mistresses
all over the world

and Kurt says that Benny
is on a continual escape from himself
because he doesn't
dare to be alone
with his own thoughts

and everyone says
that all of the others
are escaping from reality

what reality?

Angst

jeg kan ikke sove om aftenen
lige så snart jeg er kommet i seng
begynder alle mulige
uhyggelige tanker
at dukke op i mit trætte hoved
så jeg bliver lysvågen
stiv og anspændt
og ligger i mørket
som et fremmedlegeme
uopløseligt
udstødt af natten:
hvad hvis der sker mine unger noget
eller hvis min mand går fra mig
eller vi bliver fyret
fra vores jobs
og må gå fra hus og hjem
eller hvis der bliver krig
eller jeg får kræft
ligesom min moster
som lige har fået fjernet
det ene bryst
og al den vold
og kriminalitet
og forurening
man hører om
jeg kan ikke holde ud
at tænke på det
og jeg kan heller ikke lade være
verden er fremmed
mørket er truende
så jeg går ind i stuen
og tænder lyset
og tager mig en sjus
og begynder at skrive en liste

Anxiety

I can't sleep at night
as soon as I'm in bed
all kinds of
unpleasant thoughts begin
to appear in my tired head
and I become wide awake
rigid and tense
and I lie in the dark
like a foreign object
indissoluble
cast out by the night:
what if something happens to my kids
or my husband leaves me
or we get fired
from our jobs
and have to leave our home
or if a war starts
or I get cancer
like my aunt
who just had her
one breast removed
and all that violence
and crime
and pollution
you hear about
I can't bear
to think about it
but I can't stop either
the world is foreign
the dark threatening
so I go into the living room
and turn on the light
and have a gin and tonic
and start to write a list

over det jeg er bange for:
død
krig
brand
sygdom
overbefolkning
og indbrudstyve
bombetrusler
og edderkopper
og terrorister
jeg er osse bange for
at blive gammel
utiltrækkende
hjælpeløs
fed
glemt
ensom
bedraget
forkalket
til grin
det nytter ikke
jeg kan ikke nå
at få det hele med på listen
kan knap nok nå at tænke på
alt det jeg er bange for
men måske skulle man prioritere
frygte nogle få udvalgte farer
og simpelthen blæse på resten
men hvad er værst
krig eller brystkræft
forkalkning eller skilsmisse
det bliver måske nok
lidt svært at vælge
men så kunne man osse
tage tre ting om ugen
og skifte hver søndag

of all the things I'm afraid of
death
war
fire
sickness
overpopulation
and robbery
bomb threats
spiders
and terrorists
I am also afraid of
becoming old
unattractive
helpless
fat
forgotten
lonely
cheated on
senile
laughed at
it doesn't help
I'll never be able
to write down everything on the list
I can barely even think of
all the things I'm afraid of
but maybe I should prioritize
only be afraid of a few select dangers
and not give a damn about the rest
but what's worse
war or cancer
senility or divorce
it might be kind of
difficult to choose
but I could also
just take three things each week
and change every sunday

indtil man havde været raden rundt
men hvad så
hvis huset brænder
i den uge
hvor man frygter utroskab
indbrud og terrorister
så står man der
med en helt forkert angst
som man ikke kan bruge til noget
nej det nytter ikke
jeg kan ikke tage kampen op
med så mange lurende farer
kan lige så godt gå i seng igen
der er ikke noget at stille op
det hele er værre
end jeg havde troet
og jeg er i meget bedre humør

until I had covered the whole list
but what if
the house burns down
during the week
when I'm afraid of infidelity
break-ins and terrorists
there I would be
with the totally wrong anxiety
that would be no help at all
no, it's no use
I can't fight it
with so many dangers lurking
I might as well just go back to bed
there's nothing I can do
things are even worse
than I thought
and I'm feeling a lot better

Syrenerne

Jeg ved
ikke noget værre
end når syrenerne blomstrer

hele året går jeg og glæder mig
og hvis det ikke var for tanken om
hvor smuk verden kan være
når syrenerne står i flor
kom jeg aldrig igennem
vinterens triste mørke og kulde
jeg elsker syrener
de står for mig
som noget af det smukkeste i verden

men så snart
de begynder at springe ud
bliver jeg pludselig bange
nu kommer den tid
jeg har glædet mig til
i så mange måneder
og hvordan skal jeg nyde det
kan jeg mon få tilskrækkeligt ud af
den skønne, men alt for korte tid
hvor syrenerne blomstrer
jeg føler aldrig
jeg er parat:
gid de ville give mig en uge til

men naturen
må følge sin lov
og knopperne springer som pop-corn
enten jeg er parat eller ej
så længe syrenerne blomstrer
pjækker jeg fra mit job

The Lilacs

I know
of nothing worse
than when the lilacs are blooming

all year I look forward to it
and if it weren't for the thought of
how beautiful the world can be
when the lilacs are in flower
I wouldn't make it through
the winter's sad darkness and cold
I love lilacs
to me they are
some of the most beautiful things in the world

but as soon as
they start to bloom
I suddenly feel afraid
now the time is coming
that I have been looking forward to
for so many months
and how am I going to enjoy it
will I be able to get enough out of
that beautiful but all too short period
when the lilacs are in bloom
I never feel
I am ready
if only they would give me another week

but nature
must follow its laws
and the buds open like popcorn
whether I'm ready or not
as long as the lilacs are in bloom
I play hooky from work

siger nej til alle invitationer
barrikaderer mig i mit hjem
med masser af rødvin og dåsemad
og mørklægningsgardiner
går ikke frivilligt uden for en dør
medmindre det er tvingende nødvendigt
og da helst kun
efter mørkets frembrud
med bøjet hoved
og solskærm og skyklapper
mørke briller og bredskygget hat
for ikke at blive konfronteret med
syrenernes skamløse
stillen sig selv til skue

for at undgå at indånde duften
holder jeg vejret
og trækker det kun
når jeg ved der ingen fare er
for eksempel ved skraldespande
sure kloakker
og frisklagte hundelorte

når jeg omsider har på fornemmelsen
at det er ved at være overstået
begynder jeg forsigtigt at skæve op
til hvor jeg ved syrenerne hænger
og mit hjerte hopper af glæde
når de er færdige, udbrændte
brune og slappe
nu kan jeg trække vejret igen
rette ryggen
og løfte blikket
melde mig rask på jobbet
rulle mine mørke gardiner op
og begynde at se lidt til folk igen

decline all invitations
barricade myself inside my home
with lots of red wine and canned goods
and blackout curtains
don't willingly go outside
unless it is
absolutely unavoidable
and then preferably only
after darkness sets
with bowed head
and visor and blinders
dark glasses and wide-brimmed hat
in order not to be confronted with
the lilacs' shameless
putting themselves on display

to avoid inhaling the scent
I hold my breath
and breathe only
when I know there is no danger
for example by trash cans
stinking sewers
and fresh dog poop

when I eventually get the feeling
that it's about over
I begin carefully to leer
towards where the lilacs are hanging
and my heart leaps with joy
when they are finished, burnt out
brown and limp
now I can breathe again
stand up straight
and lift my gaze
report healthy to work
open my dark curtains
and start getting together with people again

men til næste år vil jeg
nyde syrenerne
komme dem i møde
og være beredt
så de ikke tager mig på sengen igen
de skal ikke have lov til
at tyrannisere mig
jeg elsker syrener
de står for mig
som noget af det smukkeste i verden
og jeg begynder allerede
at glæde mig
til næste gang de blomstrer

but next year I will
enjoy the lilacs
come out to meet them
and be prepared
so they don't take me by surprise again
I'm not going to let them
terrorize me
I love lilacs
to me they are
some of the most beautiful things in the world
and I'm already beginning
to look forward
to the next time they bloom

Forladt

den dag da du gik
--altså den dag jeg stod der
og så døren smække i efter dig
og du havde taget
din tandbørste med
--da troede jeg, at jeg skulle dø
dine ord og din latter fra Engang
havde jo brændemærket mine indvolde
og jeg havde kvalme
dine øjne sad som to klumper
foran mine
og forhindrede mig i at se
andre øjne
eller bare himmel og træer
og de steder
hvor vi har gået sammen hånd i hånd
sussede for mine ører
og gjorde mig svimmel
nu dør jeg, tænkte jeg
for jeg kunne simpelthen ikke synke
alle de ensomme nætter
som lå på min tunge og truede
men jeg blev ved med at stå der
og glo ud af vinduet
længe efter at du var forsvundet
nå, tænkte jeg
man dør altså ikke af det.
Så begyndte jeg at vaske op

Left

that day when you left
– I mean that day I stood there
and saw the door slam behind you
and you had taken
your toothbrush with you
– I thought then, I was going to die
your words and your laughter from Once
had of course branded my organs
and I felt nauseous
your eyes sat like two clumps
in front of mine
preventing me from seeing
other eyes
or even the sky and trees
and the places
where we had walked together holding hands
whooshed in my ears
making me dizzy
now I'm going to die, I thought
because I could not swallow
all the lonesome nights
that lay on my tongue, threatening
but I kept standing there
staring out the window
long after you had disappeared
well, I thought
I guess you don't die from it.
So I started to wash the dishes

FERIE

hun havde glædet sig til at få ferie
var så ophængt til hverdag
nu skulle hun rigtig
slappe af og nyde det
læse lidt
cykle ud i naturen
tid til ungerne
spille lidt
(hun gik til guitar på aftenskole
men havde aldrig tid til at øve sig)

den sidste uge inden
havde hun haft så travlt:
lagt madplan
købt stort ind
fyldt fryseren
vasket storvask
gjort grundigt rent
så hun ikke skulle tænke på
den slags i ferien

hun havde glædet sig til at få ferie
men hvad skulle man egentlig lave
de bøger
hun havde tænkt sig at læse
interesserede hende ikke alligevel
børnene ville hellere
ud at spille fodbold
de var jo heller ikke vant til
at deres mor havde tid
og hvad skulle hun osse
have lavet med dem
og naturen kom hun heller ikke ud i
for hvor skulle hun cykle hen
og hvad skulle hun tænke på

VACATION

she had been looking forward to having vacation
was so stressed out every day
now she was really going to
relax and enjoy it
read a little
bike ride out in nature
have time for the kids
play a little
(she took guitar lessons at night school
but never had time to practice)

the last week before vacation
she had been so busy:
made a meal plan
bought extra groceries
filled the freezer
did lots of laundry
cleaned thoroughly
so she wouldn't have to think about
things like that over vacation

she had been looking forward to having vacation
but what was there to do really
those books
she had thought she would read
didn't interest her anyway
the kids would rather
go out and play soccer
they were of course not used to
their mother having time
and what would she
have done with them anyway
and she didn't get out in nature either
where should she ride her bike to
and what was there to think about

mens hun cyklede

hendes dage
plejede at være
som skolebøger
tæt beskrevne
lige akkurat med plads til
at man kunne gøre lidt notater
og tegne profiler
og krusseduller
ude i marginen
feriedagene
lå foran hende
krævende
som et kladdehæfte
med blanke sider
det skræmte hende

hun gik ned efter smøger
forstod efterhånden bedre sin far
som var begyndt at ryge igen
en uge efter
at han var gået på
førtidspension
dengang havde hun ellers syntes
han var godt dum:
når man nu havde været holdt op
i lige ved to år

hun havde glædet sig til at få ferie
og nu sad hun bare her
og kiggede lidt i et blad
gik ud på altanen
og ind igen
tog sig en mad

while she was riding

her days
tended to be
like textbooks
densely written
with just precisely enough room to
write a few small notes
and draw faces
and doodles
out in the margin
the days of vacation
lay before her
demanding
like a notebook
with blank pages
it scared her

she went down to get cigarettes
gradually came to better understand her father
who had begun smoking again
a week after
he took an
early reitrement
at the time she had thought
he was pretty dumb
since until then he had quit
for exactly two years

she had been looking forward to having vacation
and now here she just sat
and glanced through a magazine
went out on the deck
and in again
had a sandwich

gik ind i sengen
og onanerede
neglene på hendes højre hånd
skar i det sarte kød
og hun bed dem af
så nu kunne hun
heller ikke spille guitar

hun havde glædet sig til at få ferie
nu glædede hun sig
til den var slut
hun så at gardinerne trængte til
at blive vasket
hun blev glad:
så var der da noget
man kunne lave
og i overmorgen
var heldigvis sidste dag

went to bed
and masturbated
the nails on her right hand
cut into the sensitive skin
and she bit them off
so now she couldn't
play guitar either

she had been looking forward to having vacation
now she was looking forward
to the end of it
she saw that the curtains needed
to be washed
this made her glad:
now there was at least something
she could do
and the day after tomorrow
fortunately was the last day

JOMFRUFØDSEL

der er altid noget at glæde sig til:
om vinteren
glæder jeg mig til sommer
om sommeren glæder jeg mig til at
det bliver vinter så jeg kan
begynde at glæde mig til næste sommer

når jeg er hos tandlægen
glæder jeg mig til at blive færdig
når jeg er til fest glæder jeg mig
til at komme hjem
og tænke tilbage på festen
skrive om det i min dagbog
og få mine billeder fremkaldt

jeg arkiverer mine
oplevelser
allerede inden jeg
er begyndt at opleve dem

og forventningens glæde
ødelægges kun
af angsten for at glæden
ikke skal kunne
stå mål med mine forventninger

jeg er vist ikke så god til at leve i nuet
øjeblikket
forskanser sig
under en utilnærmelig
osteklokke af skudsikkert glas
skabt af alle de
filmminder
seriefremstillede drømme
og bakteriologiske reklametricks

Virgin birth

there is always something to look forward to
in the winter
I look forward to summer
in the summer I look forward to
winter starting so I can
start looking forward to next summer

when I am at the dentist
I look forward to being done
when I am at a party I look forward
to coming home
and thinking back on the party
writing about it in my diary
and getting my pictures developed

I archive my
experiences
even before I
have begun to experience them

and the joy of expectation
is decimated only
by the anxiety that the joy
will not be able to
live up to my expectations

I guess I'm not very good at living in the now
the moment
entrenches itself
under an unapproachable
bell jar of bulletproof glass
created by all the
movie memories
batch-produced serial dreams
and bacteriological advertising tricks

som fuldkommen har
steriliseret mig

det er værst når det er
allerbedst:
jeg kan se solen og
høre fuglene
mærke blomsternes dufte
og jeg ved jeg har ferie men jeg
føler ikke noget
prøver desperat at overliste
øjeblikket
tage det bagfra
med vold
når det sover
men trænges brutalt tilbage af
en flodbølge af forventninger til
øjebliket
situationen
standses af et uoverstigeligt bjerg
af udsat glæde
fra alle de dage
jeg ikke havde tid
en kæmpemæssig gæld jeg aldrig
vil kunne betale

men en sjælden gang imellem
når det er regnvejr og jeg er
ulykkelig
helt forsvarsløs
uforberedt som jeg er på
at møde den mindste lille glæde
overlister øjeblikket pludselig mig
i skikkelse af en fugl
en barnelatter
en uventet busk

that have completely
sterilized me

it's worst when it's at its
best
I can see the sun and
hear the birds
notice the scent of the flowers
and I know I'm on vacation but I
don't feel anything
try desperately to outwit
the moment
take it by surprise
by force
when it's sleeping
but I am driven back violently by
a flood of expectations of
the moment
the situation
blocked by an impassable mountain
of postponed joy
from all those days
when I didn't have time
an enormous debt I never
will be able to pay

but once in a great while
when it's raining and I'm
unhappy
totally defenseless
unprepared as I am for
encountering the smallest amount of happiness
the moment suddenly outwits me
in the form of a bird
a child's laughter
an unexpected bush

og en lille boblende glæde undfanges
vokser
trods min sterilisation
som åbenbart aldrig
kan gennemføres helt

and a little unexpected joy is let loose
grows
despite my sterilization
that evidently never
can be completed entirely.

BØRN

børn gør ondt
de graver gange
under huden
og underminerer
det glatte ansigt
de faste beslutninger
krøller slipset
afbryder
diskussionerne
og bygger hemmelige huler i de
ordentlige huse
roder i skuffer og asker og dåser
brækker gulvbrædder op
de skal
nok finde det
alt det
vi har skjult for os selv
så længe
de skal nok finde
smerten
længslen
og latteren

Children

children hurt
they dig tunnels
under your skin
and undermine
your smooth face
your firm decisions
they wrinkle your tie
interrupt
your discussions
and build secret caves in your
neat house
mess up drawers boxes and cans
rip up floorboards and
they are going
to find it
all of it
that you have hidden from yourself
for so long
they are going to find
the pain
the yearning
and the laughter

VOLD

jeg ved lige
hvordan jeg skal
vifte med mine
kunstneriske satinærmer
for at få vores venner til
at tvinge dig ind i
den vindtørre
matematiklæreposition
som får mig til at virke
sprælsk og eksotisk

hvordan jeg skal gøre dig jaloux
når vi er til fest
så jeg bliver nødt til
at gå med dig hjem
på det rette tidspunkt
mens jeg endnu sprudler
og før de pinlige optrin
og tømmermændene melder sig
jeg kan slukke glansen
i mine øjne
som ved hjælp at et tryk på en knap
hvis det passer mig
at få folk til at tro
at du hindrer mig i at udfolde mig
jeg kan projicere mine
indre konflikter
ud i rummet
så de forvandles til
uoverensstemmelser
mellem os to
og du får altid rollen
som mister Hyde

Violence

I know exactly
how I am going to
flutter my
artistic satin sleeves
to get ourfriends to
force you into
that bone-dry
math teacher role
that makes me appear
spirited and exotic

how can I make you jealous
when we're at a party
so I have to
go home with you
at the proper moment
while I'm still bubbling over
and before the awkward scene
and the hangovers appear
I can extinguish the gleam
in my eyes
with the push of a button
if I want to
to get the people to think
that you are holding me back
I can project my
inner conflicts
out into space
so they change into
disagreements
between the two of us
and you always get the role
of Mr. Hyde

så jeg kan fremstå som
fuldstændig ren

jeg tvinger dig til at
sætte grænser for mig
så jeg kan bevare illusionen om
mit endeløse vid
og mine ubegrænsede evner

du
skal fortælle mig at
det umulige ikke er muligt
jeg fralægger mig
ethvert ansvar
for mit liv
og trænger dig op i en krog hvorfra
du kun kan slippe bort
iført alle de sider
af mig
som jeg hverken kan eller vil
acceptere

alt det
gør jeg ved dig
selvom
eller fordi jeg elsker dig
men måske
bliver det lidt bedre nu
hvor jeg i det mindste omsider
har erkendt hvad det er jeg gør

so I can appear
completely innocent

I force you to
set boundaries for me
so I can keep the illusion of
my endless wit
and my boundless talents

you
have to tell me that
the impossible is not possible
I renounce
any responsibility
for my life
and back you into a corner from where
you only can slip free
dressed in all the sides
of me
that I neither can nor will
accept

all this
I do to you
even though
or because I love you
but maybe
it will get better now
since at least at last I
have admitted what it is I do

KALENDEREN

Elsebeth har en kalender
hvor hun noterer
alt vigtigt
alle familiens fødselsdage
hvem de har besøgt hvornår
hvad de fik
og hvad hun selv har serveret
når de har haft gæster
nogle ting ligger så fast
at hun ikke behøver
føre dem ind i kalenderen
sådan noget som
frisør hver onsdag formiddag
og substral til blomsterne torsdag
hun ville osse gerne
ha indført en ugentlig fiskedag
men Mogens ka ikke fordrage fisk
så nu spiser Elsebeth fisk
de aftener hvor Mogens
er til møder eller har overarbejde
og derfor ikke kommer hjem og spiser
sommetider
får hun mere fisk
end hun egentlig bryder sig om
men hun spiser det
alligevel
for hun ved med sig selv
at hun altid har elsket fisk
og hvis hun begyndte at lave noget andet
end fisk de aftener
ville det være det samme
som at indrømme over for sig selv
at man var for meget alene
og så var hun
blevet ked af det

The Calendar

Elsebeth has a calendar
where she makes note of
everything important
all the family birthdays
who they have visited when
what they ate
and what she served
when they had guests
some things are so routine
that she doesn't need
to enter them in the calendar
things like
hairdresser every Wednesday morning
and fertilizing the flowers Thursday
she would also have liked
to establish a weekly fish day
but Mogens can't stand fish
so now Elsebeth eats fish
those nights when Mogens
has meetings or overtime
and then doesn't come home and eat
sometimes
she eats more fish
than she really cares to
but she eats it
anyway
because she knows about herself
that she has always loved fish
and if she started to prepare something other
than fish those nights
it would be the same
as admitting to herself
that she were alone too much
and then she would
be upset about it

hun har osse
en lille pjanket hemmelighed:
hun fører regnskab med hvor tit
hun og Mogens
går i seng med hinanden
ikke fordi sex betyder
det helt store for hende
men det er alligevel som om
det er et mål for et eller andet
hvor godt man har det sammen
eller om man er ved
at blive gammel
hun har udtænkt
et sindrigt system
for at Mogens ikke
ska gætte hvad det er
hvis han finder på at kigge
i hendes røde spiralkalender
hveranden gang sætter hun
et rødt kryds
ved den foregående dato
hveranden gang
en blå cirkel
tre dage efter
det finder Mogens garanteret aldrig ud af
men forresten
er det usandsynligt
at han sku kigge
i hendes kalender:
hun ved hvad han tænker
om de ting
som har betydning for hende

she also has
a silly little secret:
she keeps track of
how often she and Mogens
go to bed
not because sex means
everything to her
but it's still as if
it's a measurement of something
how well you're getting along
or if you're starting
to get old
she has invented
an ingenious system
so that Mogens doesn't
guess what it is
if he happens to look
in her red spiral calendar
every other time she makes
a red cross
on the previous date
every other time
a blue circle
three days later
Mogens will never figure that out
but for that matter
it is unlikely
that he would look
in her calendar:
she knows what he thinks
about those things
that mean something to her

LEVER

bare jeg aldrig havde sagt til Gudrun
at Harald ikke ka udstå lever
jeg tænkte slet ikke over det
det røg bare lige ud af munden på mig
da vi talte om
hvor svært det er at finde på noget
når ens mand er så kræsen
og jeg ku ha bidt tungen af mig selv
da jeg kom i tanker om at vi jo fik lever
sidst vi var ude til middag hos dem
hun tror garanteret jeg sae det
bare for at fornærme hende
ganske vist virkede hun ikke spor sur
da hun gik
tværtimod
hun sae da: hils Harald og ungerne
og: vi ringer ved om den teateraften
men derfor ka hun jo godt være sur
vil måske bare ikke vise det
og nu ringer hun sikkert ikke
sådan som hun har lovet
det minder mig om
at det er længe siden jeg har hørt fra Lise
jeg lød vist osse lidt underlig
sidst hun ringede
men det var fordi
jeg sad og spekulerede på
om Nina har fortalt Jørn og Birthe
hvad jeg har sagt om deres nye gulvtæppe
at det var jo så praktisk med gråt
som om jeg ville antyde
at det var møgbeskidt hos Jørn og Birthe
eller at det gamle tæppe
ikke var praktisk

Liver

if only I had never said to Gudrun
that Harald couldn't stand liver
I didn't think about it at all
it just slipped right out of my mouth
when we talked about
how hard it is to think of something
when your husband is so picky
and I could have bitten my tongue right off
when I realized that of course we had liver
last time we had dinner at their place
I'm sure she thinks I said that
just to insult her
she certainly didn't seem upset at all
when she left
on the contrary
she said: tell Harald and the kids I said Hi
and: we'll call you about going to that show
but she could still be mad
maybe just doesn't want to show it
and now she definitely won't call
like she promised
which reminds me
that it's been a long time since I heard from Lise
I suppose I did sound a bit strange
last time she called
but that was because
I was sitting wondering
if Nina had told Jørn and Birthe
what I said about their new rug
that gray was so practical
as if I were hinting
that their place was filthy
or that the old rug
wasn't practical

eller at det nye ikke var pænt
siden jeg ikke ku finde på andet
positivt at sie om det
end at det var praktisk med gråt
og sådan var det jo ikke ment
jeg synes da det er et nydeligt tæppe
men som husmor
ser man jo meget på det praktiske
jeg må huske at sie noget pænt
om deres tæppe
næste gang vi er sammen med dem
hvis vi da ellers ser dem mere
men måske sku jeg ringe til Gudrun
og sie undskyld for det med leveren
eller måske er det lidt for dumt
at ringe bare for det
men jeg ku ringe om noget andet
og så lissom tilfældigt komme ind på
at Harald forresten syntes
det var alle tiders med lever
når det var tilberedt på den måde
i ovnen med en spændende sovs
men måske har hun besluttet
at slå en streg over det
og så blir hun måske for alvor sur
hvis jeg blir ved at træde i det
det kan osse være hun ikke ved
om hun ka tillade sig at være fornærmet
måske er hun i tvivl om
hvorvidt jeg overhodet sae lever
og så er der jo ingen grund til
ligefrem at ringe og bekræfte det
og endelig ka det jo osse være
hun slet ikke har lagt mærke til det
det bedste er nok
at lade som ingenting

or that the new one wasn't pretty
since I couldn't think of anything
positive to say about it
other than that gray was practical
and I didn't mean it like that
I think it's a really nice rug
but as a housewife
of course you consider practicality a lot
I must remember to say something nice
about their rug
next time we're together with them
if we do ever see them again
but maybe I should call Gudrun
and say sorry about that with the liver
or maybe that's a bit too dumb
to call just for that
but I could call about something else
and then like coincidentally mention
that by the way Harald thought
that liver was really great
when it was prepared that way
in the oven with an incredible sauce
but maybe she's already decided
to just forget about it
and then she might really get mad
if I keep bringing it back up
it could also be that she doesn't know
if she can allow herself to feel insulted
maybe she's unsure
whether I even said liver at all
and so there's no reason to
come right out and call and confirm it
and finally it could very well be
that she didn't notice it
it's probably best
to act like nothing happened

og så sørge for
at tænke sig lidt bedre om
for fremtiden
når jeg snakker med folk
hvis jeg blir ved med at være så dum
ender det bare med
at vi ikke har noen venner

and to be sure
to think more carefully
in the future
when I'm talking with people
if I keep on being so dumb
we'll end up
not having any friends

Onsdagsklubben

de var fire piger
som mødtes hver onsdag
de to havde børn
den tredje var lærer
den fjerde var ikke gift
de skiftedes at have
bagt en kage
til kagen
drak de små sorte
efter princippet med tiøren
hende der ikke var gift
fortalte om sin sidste erobring
der havde stået Charlie
foran på hans
cyklamefarvede underbukser
og hans pik var kort og tyk
og en smule blålig
– det var vigtigt at få med
for det var godt
at tale om mænd
på samme kødcentrerede måde
som mænd garanteret altid
talte om kvinder
– da de havde
bollet fire gange
havde han serveret
tørt rosinbrød med sild og rødkål
og jægermeister af utætte papkrus
mon han aldrig fik ordentlig mad
og havde han ingen rene glas
hun var blevet blød om hjertet
skulle nok tage sig af ham
sørge for ham
hvad var det for noget?

The Wednesday Club

they were four gals
who met every wednesday
the two had children
the third was a teacher
the fourth wasn't married
they took turns at having
baked a cake
with the cake
they drank small cups
of irish coffee
the one who wasn't married
told about her most recent conquest
Charlie had stood there
in front of her on his
pink underpants
and his dick was short and thick
and a little bluish
– this was important to mention
because it was good
to talk about men
in the same flesh-centered way
that men guaranteed always
talked about women –
when they had screwed
four times
he had served
dry raisin bread with herring and red cabbage
and jagermeister from leaky paper cups
she wondered if he ever ate proper food
or didn't have any clean glasses
her heart had melted
she probably should tend to him
take care of him
what in the world?

han spillede garanteret
bevidst på den slags
for lissom at skabe
en spændende kontrast
til den brutale mandighed
han i øvrigt lagde for dagen
hun ville ikke se ham mere
det var uheldigt
for hendes personlige integritet
og nye kvindebevidsthed
at han fremkaldte den slags
irrationelle følelser hos hende
efter kaffen
kom der øller på bordet
rastløsheden
begyndte at brede sig
de vidste efterhånden
alt om hinandens
orgasmer og nederlag
sexfantasier
barndomsoplevelser
og hemmelige drømme
der var ikke mere at sige
ikke noget
at fylde de fortrolige rammer ud med
der var chips med dildsmag
til øllerne
man burde jo nok
forbinde det private
med det politiske
ligesom i rigtige
græsrodsbevægelser
se intimsfærens
subjektive oplevelser
i relation til
samfundstrukturen

he definitely was acting
aware of that sort of thing
to kind of create
an exciting contrast
to the brutal masculinity
he displayed otherwise
she wasn't going to see him again
it was bad
for her personal integrity
and her new feminine awareness
that he provoked that kind
of irrational feeling in her
after coffee
the beer came out
restlessness
began to spread
they had come to know
everything about one another's
orgasms and failures
sexual fantasies
childhood experiences
and secret dreams
there was nothing more to say
nothing
to fill out the confidential framework
there were chips with dill flavor
to have with the beer
we of course probably ought to
connect the private
with the political
just like in real
grassroots movements
see the sphere of intimacy's
subjective experiences
in relation to
the structure of society

men desværre
virkede politik så kedeligt
i forhold til pikke
bumser og prutter
og hængepatter
og roller og deller
det var så skønt
at betro sig til hinanden
det var så svært
at komme ud af suppedasen
men det var vel bare
et spørgsmål om tid

but unfortunately
politics had a dulling effect
compared to dicks
pimples and farts
and sagging breasts
and rolls of fat
it was so great
to confide in one another
it was so difficult
to break out of the morass
but it was probably just
a matter of time

En veninde

min veninde er fuldtidsmarxist
og enormt bevidst om sit køn
det vil sige
om samfundsskabte kvindemyter
set i relation til
kapitalens fortsatte akkumulation

hun gennemskuer det hele
og jeg får neuroser
og komplekser og hovedpine
af at være i stue med hende
alt for længe ad gangen

hun kan ikke forstå
at jeg ikke kan forstå
hvorfor det hele pludselig
skal laves om
sådan lige hu hej
uden at man får lov til
at vænne sig lidt til tanken

hun siger
hun elsker alle kvinder
og i begyndelsen syntes jeg
det lød godt
vi kvinder har jo brug for hinanden
men hun har ikke
brug for mig
til andet end at lave om på
selvom det kunne da være
at jeg kunne give hende
et og andet
men det spørger hun ikke efter
og jeg har endda mine rødder
i Arbejderklassen

A GIRLFRIEND

my girlfriend is a full-time marxist
incredibly aware of her gender
what I mean is
about socially-derived female myths
seen in relation to
the continual accumulation of capital

she sees right through it all
and I get neuroses
and complexes and headaches
from being in a room with her
for too long at a time

she can't understand
that I don't understand
why suddenly everything
has to be changed
in a sudden presto-change-o
without giving anyone a chance
to get used to the idea

she says
she loves all women
and at first I thought
that sounded good
we women really need each other
but she doesn't
need me
for anything except to change
even though it's possible
that I could give her
something or other
but she doesn't ask for that
and I even have my roots
in the working-class

som hun osse elsker lidenskabeligt
når hun ser de blade
jeg har liggende
rynker hun forarget på næsen
og lover at tage noget
bevidstgørende litteratur
med til mig
og en dag rev hun pludselig
et blad i stykker
det kunne jeg lige så godt
tørre mig i røven med
bedre var det ikke værd
og jeg blev ked af det
der var noget
jeg gerne ville have klippet ud
en kalorietabel
og en meget interessant artikel
om hvordan man undgår
at få appelsinhud på lårene
da hun hørte det blev hun gal
jeg skulle ikke lade mig
reducere til sexobjekt
for så kunne kapitalisterne
uhæmmet manipulere med mig

men jeg sagde at jeg bare
ville af med et par kilo
så jeg kunne være i
mit gamle tøj
og hvad glæde kunne kapitalisterne
have af det
det kunne jeg ikke se
tværtimod
så der fik jeg
lukket munden på hende
men det er osse første gang

which she also loves passionately
when she sees the magazines
I have lying around
she wrinkles her nose indignantly
and promises to bring me
some consciousness-raising
literature
and one day suddenly she ripped
a magazine to shreds
you could just as well
wipe your ass with that
that's all it's good for
and I was upset
there was something
I wanted to cut out
a calorie table
and a very interesting article
about how to avoid
getting cellulite on your thighs
when she heard that she got mad
I shouldn't let myself
be reduced to a sex-object
because then the capitalists
can manipulate me with impunity

but I said that I just
wanted to lose a few pounds
so I could fit into
my old clothes
I couldn't see what benefit the capitalists
would gain from that
quite the opposite
so that shut her up
but that's also the first time

ellers kan jeg aldrig
forstå hvad det er hun siger
sommetider tror jeg ikke engang
hun rigtigt selv forstår det
for når jeg spørger
hvad hun mener
med noget hun har sagt
siger hun bare en hel masse
jeg heller ikke forstår
og så tør jeg ikke sige
jeg stadig ikke har fattet en pind

men nu er jeg helt holdt op
med at lukke hende ind
når hun kommer

når jeg har på fornemmelsen
at hun er på trapperne
trækker jeg hurtigt gardinerne for
slukker lyset og gemmer mig
i mit monopolkapitalistiske badekar
med to tartarmadder
en pepsicola
en stabel romanblade
og diverse duftende olier og cremer
som holder min hud ung og smidig
så jeg rigtigt kan behage
min ækle chauvenistiske mand

og så kan hun
gå et andet sted hen
og praktisere sin altfavnende
kærlighed

otherwise I can never
understand what she's talking about
sometimes I don't even believe
that she really understands it herself
because when I ask
what she means
by something she said
she just says a whole bunch of things
I don't understand either
and then I don't have the guts to say
that I still don't get it

but now I don't let her
in anymore
when she comes by

when I have a feeling
that she's on the steps
quickly I close the curtains
shut the lights and hide
in my monopoly capitalist bathtub
with a roast beef sandwich
and a pepsi
a stack of soap opera magazines
and various perfumed oils and creams
that keep my skin young and supple
so I can really please
my disgusting chauvinistic husband

she can just
go someplace else
and practice her all-encompassing
love

Gennemsnitsneuroser

hvis jeg havde haft
en fordrukken far
en manio-depressiv mor
en ondskabsfuld søster
og et ar i panden
fra en gang, jeg havde fået bank
af en af mine tidligere ægtemænd
hvis jeg havde haft
tre forsømte døtre
og en søn
der var død af stofmisbrug
som femtenårig
hvis jeg havde haft
nogle store sjælelige
hudafskrabninger
som kunne aktiveres
nårsomhelst
og transformeres
til smertelige følsom kunst
så var jeg nok blevet
billedhugger
eller skuespiller
digter
pianistinde
elsket
hadet
fejret
voldtaget
endnu en gang
af all de store
nyhedsformidlende
meningsdannende
storforbrugende
kvindefiletfabrikker

Average neuroses

If I had had
a drunken father
a manic-depressive mother
a hateful sister
and a scar on my forehead
from being beaten
by one of my previous husbands
if I had had
three neglected daughters
and a son
who died of a drug overdose
at fifteen
if I had had
some huge mental
lesions
that could be reopened
at any time
and be transformed
into painful sensitive art
then I probably would have become
a sculptor
or actress
poet
pianist
loved
hated
celebrated
raped
one more time
by all the great
news-disseminating
opinion-forming
large-scale-consuming
women-fillet factories

jeg havde ikke behøvet at skjule
hverken arret i panden
mine selvmordsforsøg
eller sorgen over min barndoms jul
hvor træet altid væltede
når far og mor kom op at slås
– snarere tværtimod

og jeg havde sikker boet i en
kæmpe, halvtom taglejlighed
i den indre by
med sort tapet
og madrasser på gulvet
hvor jeg ville modtage
de perverse dirigenter
og smukke tabere
som dagligt mødte op
med tropefugle
og håndskrevne digte
og glaserede figener i hatteæsker
for at smøre
mine bryster ind i hvidvin
sutte oliven og mandler
ud af min kusse
og banke mig gul og grøn og blå

og hvis jeg var vokset op på landet
med egne kaniner
og masser af kropskontakt
fars pige
mors skat
med smilehuller i knæene
og bedstemor
i et lille hus
med græs på taget
så var jeg nok

I wouldn't have had to hide
either the scar on my forehead
my suicide attempts
or the sorrow from my childhood christmases
where the tree always got knocked down
when mommy and daddy started fighting
– quite the contrary

and I would have lived in a
gigantic half-empty apartment
in the inner city
with black wallpaper
and mattresses on the floor
where I would receive
the perverse conductors
and beautiful losers
who would come daily
with tropical birds
and handwritten poems
and glazed figs in hat boxes
to spread
white wine on my breasts
suck olives and almonds
out of my cunt
and beat me until I'm black and blue

or if I had grown up in the country
with my own bunnies
and lots of physical contact
daddy's girl
mommy's treasure
with dimples on my knees
and grandmom
in a little house
with grass on the roof
then I probably

blevet til
en stor varm dame
med stærke hænder
og brede hofter
og klare øjne
og urtehave
og velstimulerede unger
et job, hvor jeg havde
med mennesker at gøre
en perlende, smittende latter
og eventuelt en mand
som kunne holde bukserne oppe
uden skuldervat
og kvindeforagt
og dårlige vittigheder
og man kunne bare komme til mig
hvis man trængte til trøst
græde ud
ved mine store moderlige
mælkejunger
altid fulde af kaffe
cigarer
forståelse
overskud

men min barndom
har været ganske almindelig
grånusset strikketøj
svedige hænder
mangelfuld oplysning
uretfærdig skældud
og femotyve øre
til at snolde for om søndagen

mit liv
sidder ad helvede til
det strammer over maven

would have become
a big warm-hearted lady
with strong hands
and wide hips
and clear eyes
and a vegetable garden
and well-stimulated children
a job where I
dealt with people
a sparkling contagious laugh
and eventually a husband
who could keep his pants on
without shoe lifts
and misogyny
and bad jokes
and you could just come to me
if you needed comforting
have a good cry
on my large motherly
milk jugs
always full of coffee
cigars
understanding
reserves

but my childhood
has been totally normal
grayish knitting
sweaty hands
lacking information
unfair punishment
and twenty-five cents
to buy candy with on sundays

my life
fits like hell
constricts my belly

og slår folder under armene

jeg har
et kedeligt job
en kedelig røv
et ordinært smil
en upersonlig håndskrift
jeg har ingen børn
jeg har nervøse trækninger
infiltrationer
og søvnbesvær
jeg er bange for
lukkede rum
fremmede mænd
store forsamlinger
andres mening
men mine neuroser
er ganske alimindelige
gennemsnitsneuroser
som ikke kan veksles
til gangbar mønt

jeg har kolde fingre og tæer
men ingen blomstrende iskrystaller
på mine ruder
og de mænd jeg møder
er ganske almindelige
halvchauvenistiske
sofaformede tjenestemænd
med venlige maver
og trætte øjne

mit liv
er for godt til at smide væk
og for kedeligt til at gemme
så jeg holder mig på måtten
går meget i biffen

and dangles under my arms

I have
a boring job
a boring ass
an ordinary smile
a nondescript handwriting
I have no children
I have nervous tics
muscle tension
and trouble sleeping
I am afraid of
closed rooms
strange men
large crowds
other people's opinions
but my neuroses
are totally normal
average neuroses
that cannot be exchanged
for marketable currency

I have cold fingers and toes
but no blooming ice crystals
on my windows
and the men I meet
are quite ordinary
half-chauvinistic
sofa-shaped public servants
with friendly stomachs
and tired eyes

my life
is too good to throw away
and too boring to keep
so I keep myself under control
go to the movies a lot

passer mit job
læser alt om de kongelige
fryder mig lidt
når det går andre dårligt
lader som om
jeg føler jeg lever

do my job
read everything about the royal family
gloat a little
when other people are having trouble
act as if
I feel that I'm living

Personlighed

hendes venner havde personlighed
man kunne se det lige så snart
man kom ind i deres entreer
for de lignede ikke
andres folks entreer
men var meget mere personlige
deres lejligheder lugtede
af fløjl og fyrretræ og gamle sofaer
som de selv havde ombetrukket
de havde guldbronzeret rørene
på badeværelset
de havde krydderurter i lerpotter
og børnetegninger på væggene
og skårede porcelænskander
med overføringsbilleder
og det flød med alt muligt
aviser og tidsskrifter i sofaer
bondeskjorter i symaskinen
halvfærdige gipsfigurer
i vindueskarmen
økologi og klassekamp
på skrivebordet
man kunne se der boede mennesker
det kunne man nu osse
hjemme hos hende
men det var det forkerte rod
snavsede sokker
opvask fra flere dage
Tin Tin og Billedbladet
og upædagogisk legetøj
og så forstod hendes venner osse
at sætte tøj sammen
på dristige måder
smarte sko og moderne bluser

Personality

her friends had personality
you could see it as soon as
you stepped into their foyers
because they weren't like
other people's foyers
but were much more personalized
their apartments smelled
of corduroy and pine trees and old sofas
that they had upholstered themselves
they had oil-bronzed the pipes
in the bathroom
they had herbs in clay pots
and children's drawings on the walls
and chipped porcelain pitchers
with decals
and there were all kinds of things lying around
newspapers and magazines on the sofa
workshirts in the sewing machine
half-formed plaster sculptures
on the windowsill
ecology and class struggle
on the desk
you could see people lived there
you could see this too
at her place
but it was the wrong mess
dirty socks
and laundry from several days
Tin Tin and People magazine
and unpedagogical toys
and her friends also knew how
to put together outfits
in bold ways
sharp shoes and modern blouses

til grimme håbløse pludderbukser
og indianersmykker fra tresserne
og de drak de forkerte vine
og sagde de rigtige ting
med samme selvfølgelighed
som de klippede deres hår
vindt og skævt
og alligevel så pragtfulde ud
hendes venner havde personlighed
og hun var misundelig på dem
for hun var selv så kedelig
så hver gang der skulle komme nogen
fik hun travlt med at slette
sine egne spor
proppe fjernsynet ind i et skab
sammen med ugeblade
opvask og snavsetøj
male dørene
i pink og cyklame
så karse i alle sine gryder
lægge bøger frem
om alkymi og helsekost
og gamle afrikanske ægteskabsriter
og digtsamlinger
af undertrykte folk
hun fandt opskrifter frem
på nældesuppe, klidkiks
og tangmelsboller
farvede sit hår
købte gamle jazzplader
i en secondhandshop
sendte sin kedelige mand i byen
han var frimærkesamler
og bankassistent

with ugly hopeless capri pants
and native american jewelry from the sixties
and they drank the wrong wine
and said the right things
with the same nonchalance
that they cut their hair
lop-sided
and it still looked amazing
her friends had personality
and she was jealous of them
because she was so boring herself
so every time someone was going to come by
she got busy
removing her trail
stuffing the television into a cabinet
together with the weeklies
dirty dishes and laundry
painting the doors
pink and cyclamen
sowing watercress in all her pots
laying out books
about alchemy and health food
and old african marriage rites
and poetry collections
by oppressed cultures
she pulled out recipes
for nettle soup, bran crackers
and seaweed rolls
colored her hair
bought old jazz records
in a second-hand store
sent her boring husband into town
he collected postage stamps
worked in a bank

og ikke noget at vise frem
og når gæsterne kom
var hun fuldstændig cool
og kunne sidde hele aftenen
i sine rosa gevandter
og ryge sorte cigaretter
af lange guldrør
mens hun snakkede om alt det
hun lige havde læst
i aviserne og bøgerne
hun talte i et henkastet tonefald
som om det her var noget
ethvert barn vidste
for så var der ingen
der turde spørge om noget
og på den måde afsløre
hvor lidt hun vidste
bagefter
købte hun slik til børnene
og Prins Valliant
og James Bond biler
det havde hun lovet
hvis de ville lave nogen
ægte børnetegninger
og spontane lerfigurer
til at lægge rundt omkring
når gæsterne kom
det kostede hende
det hvide ud af øjnene
og mindst to sygedage hver gang
på grund af migræne
men det var ligemeget
for hun ville så gerne
beholde sine venner
og de gad sikkert ikke
have hende som ven mere

nothing you could show
and when the guests arrived
she was completely cool
and could sit all evening
in her rose-colored robes
smoking black cigarettes
from long golden holders
while she chatted about everything
she had just read
in the newspapers and the books
she spoke in a nonchalant voice
as if she were mentioning things
that any child knew
because then no one
would dare to ask about them
and thereby reveal
how little she knew
afterwards
she bought candy for the kids
and Prince Valiant comics
and James Bond cars
she had promised them
if they would make some
genuine children's drawings
and spontaneous clay figurines
to set out here and there
when the guests arrived
it cost her
an arm and a leg
and at least two sick days each time
because of migraines
but it didn't matter
because she really wanted
to keep her friends
and they certainly wouldn't bother
having her as a friend anymore

hvis de fandt ud af
hvor kedelig hun var
for de gad kun omgås folk
som havde personlighed
ligesom de selv

if they found out
how boring she was
because they would only bother hanging around people
who had personality
like themselves

Merethe

Merethe vrider gulvkluden op
og slynger den gennem luften
med et ganske bestemt kast
som får den til at lægge sig
fladt på gulvet

hun har lært det kast
af sine mere erfarne kolleger
hun gør rent i et stormagasin
for at tjene til studierne
hun kunne sagtens have fået noget
hjemmefra
men man vil jo gerne klare sig selv
nu man efterhånden er blevet
syvogtyve

og forresten er det også sundt
at have prøvet lidt af hvert
især når man skal være arkitekt
og ud at lave
miljøer for Folket
hun elsker Folket
og Den herskende Klasse kan
rende hende
med dens ideologier og suppeskeer
og golf og tennis og hele pivetøjet
det er Arbejderens interesser
hun vil ud og varetage
og man bliver lissom meget mere
solidarisk med Arbejderklassen
når man har set den
på nært hold
og mærket dens problemer
på sin egen krop

MERETHE

Merethe wrings out the floor rag
and slings it through the air
with a very particular throw
that makes it spread out
flat on the floor

she has learned that throw
from her more experienced colleagues
she cleans in a department store
to pay for college
she certainly could have gotten
help from home
but you really want to make it on your own
when you have gotten
to be twenty-seven

and besides it's also healthy
to have tried a little of everything
especially when you're going to be an architect
and be out making
living spaces for The People
she loves The People
and The Ruling Class can
stick it
with its ideologies and soup spoons
and golf and tennis and the whole shooting match
it's the Workers' interests
she'll be out tending to
and it's like you feel a lot more
solidarity with the Working Class
when you have seen them
up close
and felt their problems
with your own body

lige i starten
kunne hun ganske vist ikke lide
at komme op i kantinen
når alle lagerarbejderne var der
de var ret så grove i munden
og ikke fordi hun var snerpet
men behøvede de ligefrem at skilte
med deres underlødige
subkultur?

Nils har drillet hende med det:
for en sand socialist som hende
må det da netop
være alle tiders
med en hel kantine fuld
af ægte arbejdere
hun kan godt selv se det
og efterhånden som hun har
vænnet sig til deres sprog
synes hun da osse
at de er virkelig interessante
at studere
og såmænd osse meget flinke

og hvor møder hun dog mange
undertrykte kvinder
hun skal adrig glemme
fru Karlsens ben:
helt blå af undertrykkelse
når hun kommer vraltende
for at fylde sin gulvspand
og der er mange andre
hvis hænder er mærkede
af livslangt slid:
røde og grove, og alligevel
ser de ud som om

at the very start
she didn't like going
into the canteen
when all the warehouse staff were in there
they spoke so crudely
and not because she was a prude
but did they have to come right out and advertise
their trashy
subculture?

Nils has teased her about it:
for a true socialist like her
it must really
be awesome
with a whole canteen full
of genuine workers
she realizes this
and eventually
as she has gotten used to their language
she also thinks
that they are really interesting
to study
and actually very nice too in a way

and she sure meets an awful lot of
repressed women
she'll never forget
Mrs. Karlsen's legs:
completely blue with repression
when she comes tottering
to fill her cleaning bucket
and there are many others
whose hands are marked
by lifelong toil:
red and rough, though still
they look as if

de kunne stryge så uendelig blidt
over en feberhed barnepande

og Merethe
ser ikke ned på de kvinder
selvom de måske
kan virke en smule enfoldige
på en måde kan hun faktisk godt
beundre dem
for deres ukuelige mod
og evne til
at være tilfredse med lidt
når det kommer til stykket
er de sikkert meget mere lykkelige
end en selv
stiller ikke så store
forventninger til livet
og så det sammenhold
der er meget mere fælleskab
i Arbejderklassen
men de er jo osse opdraget til
lissom at tænke kollektivt

og Merethe hygger sig med dem
ryger Cecil med dem
drikker kaffe og spiser
wienerbrød med dem
deler deres små og store sorger
får dem virkelig til at åbne sig
for nu kommer de jo fra miljøer
hvor man ikke sådan
snakker følelser
og Merethe
synes hun lærer en masse af det

nej, nogen snob har hun aldrig været

they could stroke so infinitely gently
over the hot forehead of a fevered child

and Merethe
doesn't look down on those women
even though they maybe
can seem a bit one-dimensional
in a way she can actually
admire them
for their indomitable courage
and ability to
be satisfied with little
when it comes down to it
they are no doubt much happier
than herself
they don't place such high
expectations on life
and then that solidarity
there's a lot more cohesiveness
in the Worker Class
but of course they are also raised to
sort of think more collectively

and Merethe has a nice time with them
smokes Cecil cigarettes with them
drinks coffee and eats
pastries with them
shares their small and great sorrows
gets them to really open up
because you know they come from environments
where you don't really
talk about feelings
and Merethe
thinks she learns a lot from that

no, she's never been any kind of a snob

bilder sig ikke noget ind
bare fordi
man har eksamen og så videre
hun kan ligefrem
selv blive helt rørt
ved tanken om
hvor solidarisk hun er

hun kan bare ikke fordrage
at møde nogen af ekspeditricerne
de glor på hendes
gummihandsker
og lyseblå kittel
smiler hovent
og det må man tåle
til trods for sin egen
fordomsfrie og ligefremme
solidariske holdning
de mære
hun kunne godt have lyst til
at vise dem hvem hun egentlig er

hun ville ønske
der kom nogen franskmænd
som skulle se på en lædersofa
og ingen af de duller
kunne et ord fransk
så kunne man lige træde til
klare hele ekspeditionen
og efterlade dullerne der
med store øjne
fulde af undren over
hvem denne rengøringsdame var
siden hun talte flydende fransk

eller hvis man en dag blev berømt

has no illusions about herself
just because
a person has a diploma and so on
she can simply
feel herself completely touched
at the thought of
how much solidarity she has

but she cannot stand
meeting any of the female clerks
they stare at her
rubber gloves
and light blue smock
smile snobbishly
and you have to take it
despite your own
judgment-free and straight-forward
attitude of solidarity
those bitches
she has half a mind
to show them who she really is

she wishes
that some french men would come
to shop for a leather couch
and none of those floozies
could speak a word of french
then she could just step forward
carry out the whole transaction
and leave those floozies there
wide-eyed
full of wonder over
who that cleaning lady was
since she spoke fluent french

or if she got famous one day

og interviewet til et af de blade
som de dødsyge gæs
garanteret læste:
arkitektens hjem er holdt i
hvidt og lilla
marmorbadekarret
er kvadratisk
her tilbringer fru arkitekt
det meste af sin sparsomme fritid
drikkende halvtør hvidvin
af papkrus
læsende afrikanske poesi
det kunne de indbildske duller
have godt af

and was interviewed by one of those magazines
that those pathetic geese
definitely read:
the architect's home is decorated
in white and purple
the marble bathtub
is rectangular
here Mrs. Architect spends
most of her limited free time
drinking semi-dry white wine
from paper cups
reading african poetry
that would be good
for those conceited floozies

Kære Veninder

vi har kendt hinanden længe
lige fra kollegietiden
sikken et sammenhold vi har haft
og jeg glæder mig stadig
hver gang jeg skal møde jer
for I har altid
så meget spændende
at fortælle:

én har spist blæksprutter
men en politiker
én har dyrket analsex
med en buddhist
i en cykelkælder
og en tredje har indledt et
lesbisk forhold til en
forhenværende fotomodel
og det er jo skønt
og jeg elsker at høre
om jeres verden
den er ret så forskellig fra min

og jeg synes det er i orden
at I ikke gider at høre
om lille Nicolais fremskridt
med hensyn til pottetræningen
det er ikke noget for folk
som ikke har børn
og jeg accepterer det og
de dejlige fotografier
af samme Nicolai
i sin høje stol
og i bad
og med øllebrød over

Dear girlfriends

we have known each other a long time
since college days
we have really stuck together
and I still look forward to
each time we get together
because you always have
so many exciting things
to tell:

one has eaten squid
with a politician
one has had anal sex
with a buddhist
in a bike shed
and a third has begun a
lesbian relationship with a
former fashion model
and it is really great
and I love to hear
about the world you live in
it is so completely different than mine

and I think it's alright
that you don't care to hear
about little Nicolai's progress
with regards to potty training
that's not something for people
who don't have kids
and I accept this and
the cute photographs
of the same Nicolai
in his high chair
and in the bath
and with oatmeal *all over*

HELE femøren
ligger osse godt i min taske
selvom det er en kamp at
lade være at tage dem frem

og det er i orden
at to af jer
er pædagoger
og kun besøger folk med børn
efter otte
når ungerne er lagt i seng
og ikke forstyrrer jer
når i holder foredrag
for forældrene
om hvor vigtigt det er
at integrere børnene
i produktionslivet
og forældrenes virkelighed

hvad jeg ikke kan holde ud er
at I altid betragter mine
eventuelle problemer
som udtryk for
at min livsform
er tåbeligt valgt
jeg kan ikke holde ud
at I ikke ser
mine skufflelser og bekymringer
og min træthed
bare som problemer
ganske som jeres egne

jeg kan sagtens tale om andet end børn
og jeg læser stadig aviser
og jeg har stadig behov for
at få mig selv bekræftet
som andet end mor og husmor

his face
is sitting pretty in my purse
even though it is a struggle
not to take it out

and it's alright
that two of you
are educational specialists
and only visit people with children
after eight
when the kids are in bed
and don't disturb you
when you lecture
the parents
about how important it is
to integrate the children
into the economic structure of society
and the reality of the parents

what I can't stand is
that you always regard any of my
problems that may arise
as proof
that my way of life
is poorly chosen
I can't stand
that you don't see
my disappointments and worries
and my exhaustion
just as problems
exactly like your own

of course I can talk about things besides children
and I still read the newspapers
and I still have a need to
be affirmed
as something other than a mother and housewife

når jeg skal møde jer
skifter jeg de fornuftige sko
og overtræksbukser
ud med en lyserød
helt fantastisk hat jeg har købt
hos en marskandiser
til lejligheden
for jeg skal vise jer at jeg ikke
er blevet så kedelig som i tror
og jeg sprayer mig over det hele
med en deodorant der hedder "Independent"
for at dæmpe den lugt af
børnepudder og ægteseng
som virker så distraherende på jer
og lukker mig ude fra
jeres fortrolighedssfære

og jeg føler mig som en forklædt spion
der sidder og lurer jer af

og jeres holdning frister mig til
kun at omgås mennesker der
lever på samme måde som jeg
lige nu
men jeg prøver standhaftigt på at se ud
som om jeg ikke skal op klokken seks
i morgen
for jeg ved det spolerer jeres
festhumør
at se på en der skal tidtigt hjem
og jeg drikker den magiske væske som
skaffer mig adgang til
jeres eventyrland

for jeg vil ikke miste jer

before I get together with you
I trade my practical shoes
and sweatpants
for a pink
totally fantastic hat I bought
at a second-hand store
for the occasion
because I want to show you that I have not
gotten as boring as you think
and I spray myself all over
with a deodorant called "Independent"
to mask the smell of
baby powder and marriage bed
that seems so distracting to you
and shuts me out of
your confidential sphere

and I feel like an undercover spy
who's sitting eavesdropping on you

and your attitude makes me want to
only be around people who
live the same way I do
at the moment
but I resolutely try to appear
as if I don't have to get up at six o'clock
in the morning
because I know it spoils your
party mood
to look at someone who has to go home early
and I drink the magic liquid that
gains me entrance to
your fairytale land

because I don't want to lose you

Prinsesse for en dag

det er ikke uden vemod
jeg lægger den hvide bluse
med frynser og glasperler
ned i den tykke pistaciegrønne
plasticpose
fra strøgbutikken
hvor hidsende dunkende
diskorytmer
forleden
fik mig til at glemme
hvem jeg er
eller måske fik mig
til at huske
hvem jeg osse er
at jeg foruden at være
forstadshusmor
med to unger og halvdags job
og udtrådte mao-sutter
osse er lidt
kameliadame
og punkrocker
og cirkusprinsesse

men da jeg prøvede blusen derhjemme
sagde mine unger
at hvis deres kammerater
så mig i den pikslikkerbluse
med ludeperler
ville de aldrig mere
gå i børnehave
og lilleskole

min undren over
hvor mine børn dog
lærer den slags udtryk

Princess for a Day

it is not without sadness
that I put the white blouse
with fringes and glass beads
down into the thick pistachio green
plastic bag
from the shop downtown
where hot thumping
disco rhythms
the other day
made me forget
who I am
or maybe made me
remember
who I am too
that besides being a
suburban housewife
with two kids and a part-time job
and worn-out chinese shoes
I am also part
floozy
and punk rocker
and circus princess

but when I tried on the blouse at home
my kids said
that if their friends saw me in that
cock-sucker shirt
with the hooker beads
they would never
go back to kindergarten
and grade school

my wondering about
where my kids could have
learned expressions like that

udeblev
for en gangs skyld
trængt i baggrunden af
et minde om en
juleaften
for forbavsende
få år siden
hvor jeg ikke måtte
tage ud til min mormor
i bare tæer og afghanerpels
og forvaskede cowboybukser
hvor jeg havde skrevet THE WHO
og MAKE LOVE - NOT WAR
med rød tusch
tværs over røven
og jeg glædede mig til
at blive voksen
og selv bestemme

men børn er jo så
følsomme
og andres børn er så ondskabsfulde
så snart man afviger lidt fra normen
og til syvende og sidst
betyder en bluse jo
ingenting

men det er ikke uden vemod
at jeg lægger den ned
i posen

den kan forhåbentlig byttes

failed to surface
for once
overshadowed by
a memory from a
christmas eve
surprisingly
few years ago
when I was not allowed
to go out and visit my grandmother
in bare feet and hippie vest
and faded jeans
where I had written THE WHO
and MAKE LOVE–NOT WAR
in red marker
across the ass
and I was looking forward
to growing up
and making my own decisions

but of course children are
sensitive
and other people's children are so mean
as soon as you veer a little from the norm
and when all is said and done
a blouse doesn't mean
anything

but it is not without sadness
that I put it down
into the bag

I hope I can exchange it

Omelet Surprise

jeg havde forestillet mig
at det at få et barn
ville blive anderledes
end jeg havde forestillet mig
men jeg havde ikke forestillet mig
at det ville blive
så anderledes

det er faktisk
helt anderledes

Omelet Surprise

I had imagined
that having a child
would be different
than I had imagined
but I had not imagined
that it would be
so different

actually it is
completely different

Det første bud

man har lov til
en gang imellem
at have lyst til
at være fri for sit barn

man har lov til
en gang imellem
at have lyst til
at være fri for sit barn
uden at føle
dårlig samvittighed
eller blive betragtet som
en unaturlig kvinde

dette moderskabets første bud
har jeg lyst til at råbe ud fra
toppen af Herlev Sygehus
jeg har lyst til at skrive det
på væggen
på de offentlige lokummer
sige det i radioen
og brodere det
på alt mit undertøj
skrive det i ildskrift
tværs over himmelen
og ikke mindst
i mit følelsesliv
hvor stædige rester
af tåbelige myter
og forestillingsbilleder
stadig sidder og klæber

men jeg er for træt
jeg er desværre
alt alt for træt

The First Commandment

you are allowed
once in a while
to want to
have nothing to do with your child

you are allowed
once in a while
to want to
have nothing to do with your child
without feeling
guilty
or being seen as
an abnormal woman

this first commandment of motherhood
I would like to shout from
the top of Herlev Hospital
I would like to write it
on the wall
on the public toilets
say it on the radio
and embroider it
on all my underwear
write it in skywriting
across the sky
and not least of all
in my emotional life
where stubborn remnants
of foolish myths
and illusions
are still clinging

but I am too tired
unfortunately I am
way too tired

KYS FRØEN

man bliver vist ikke rigtig voksen
før man har accepteret
det barn man var engang
og kærligt taget det til sig

jeg vil så gerne være
voksen
velfungerende og beslutsom
men hver gang jeg står og kigger
derind
hvor dem der tør ligge uden lys
drikker Dry Martini og danser på stranden
og træffer beslutninger for os andre
bliver jeg standset i døren af
en lille pige
med grønlige fregner
og grim næse
og jeg ved jeg skal kysse hende
for at slippe ind
hun har mælkeskæg
og sur ånde
og jeg får kvalme
nej jeg kan sgu ikke
jeg skubber til hende
så hun falder
og slår sine klodsede knæ
som sædvanlig
og porten lukker sig
endnu en gang
og jeg bliver ikke forvandlet

jeg har læst i et blad
at når man har det sådan
bør man ikke få børn

Kiss the frog

you are never really grown up
until you have accepted
that child you once were
and lovingly taken it in

I would love to be
grown up
stable and decisive
but every time I stand looking
in there
where those who dare to lie in the dark
are drinking dry martinis and dancing on the beach
and making decisions for the rest of us
I am stopped at the door by
a little girl
with greenish freckles
and an ugly nose
and I know I have to kiss her
to be able to enter
she has a milk mustache
and bad breath
and I get nauseous
no I can't do it
I push her
so she falls
and hurts her clumsy knees
as usual
and the gateway closes
one more time
and I am not transformed

I have read in a magazine
that when you're like this
you shouldn't have children

for når man genkender sit
forhadte selv
i børnene kan man ikke
elske dem
og det medfører at de heller ikke
kan elske sig selv
eller deres børn og så videre

faktisk vile jeg heller ikke
have haft børn
men da han pludselig kom alligevel
med en miniatureudgave af
den sorgens næse
som har forpestet så mange
af mine teenagedage
- og der var osse noget ved øjnene -
skete der en lille varm eksplosion
inden i mig
og jeg kyssede ham
lige midt imellem
næsen og øjnene
af kærlighed til os
begge to

samtidig er det som om
en lille pige
med grønlige fregner
og grim næse
lægger sig trygt til hvile
og hendes mor holder om hende
lidt
før hun kysser hende godnat

because when you recognize your
despised self
in your children you can't
love them
and that causes them to not
love themselves either
or their children and so on

actually I wasn't going to
have children
but when he suddenly arrived anyway
with a miniature version of
that sorrowful nose
that has poisoned so many
of my teenage days
– and there was also something about the eyes –
a little warm explosion occurred
inside me
and I kissed him
right between
his nose and his eyes
out of love for
both of us

at the same time it is as if
a little girl
with greenish freckles
and an ugly nose
is lying snug in bed
and her mom gives her a
little hug
before kissing her goodnight

RØDHÆTTE

angsten ligner en bedstemor
med nystivet forklæde og
lavendelduftende arme
og jeg forstår det ikke
men alt for ofte
giver jeg efter for fristelsen
lægger mig i hendes favn
og hun aflyser alle møder og aftaler
lover at betale min gæld
og stryger mig over håret
og fortæller mig eventyr

fortæl mig om noget sørgeligt
fortæl mig om dengang
min far og mor var fattige og
min far havde sagt
at min mor skule møde ham
inde i byen
fordi han havde en
overraskelse til hende
og hun troede hun skulle
have nye sko
for de gamle var næsten slidt op
men så skulle de
ud at spise
på restaurant
fortæl mig
hvordan maden voksede
i munden på min mor
når hun tænkte på sine hullede sko
fortæl mig om min fars smerte
når han så min mors skuffelse over
den fine middag han bød på
fortæl mig om de morgener hvor jeg
vågnede ved at de sloges

Little red riding hood

anxiety is like a grandmother
with a newly starched apron
lavender-scented arms
and I don't understand it
but all too often
I give in to the temptation
curl up in her embrace
and she cancels all meetings and appointments
promises to pay my debts
and strokes my hair
and tells me fairy tales

tell me something sad
tell me about the time
my dad and mom were poor and
my dad had said
that my mom should meet him
in town
because he had a
surprise for her
and she thought she was going to
get new shoes
because the old ones were almost worn out
but actually they were going
out to eat
at a restaurant
tell me
how the food seemed to grow
in my mother's mouth
when she thought about the holes in her shoes
tell me about my father's pain
when he saw my mom's disappointment about
the fine dinner he had arranged
tell me about the mornings when I
awoke from their fighting

fortæl mig om alle de roser som
forvandles til dolke
når kærligheden ikke får
ordentlige opvækstbetingelser
fortæl mig om det
og ikke om
fangelejre og
børnehjemsbørn
og hungersnød og tortur
jeg kan ikke holde ud at
der findes noget værre
end den smerte
som lige nu
fylder mig helt
fylder hele rummet

jeg giver mig hen til
selvmedlidenheden og
lader mig synke
ned på bunden af fostervandet
svælger i min egen håbløshed
ser min egen begravelse:
påskeliljer på kisten
og hele familien i sort og krampegråd
og jeg synker
og bedstemor hvisker
at den som har ydmyget sig
og kastet sit liv på
lossepladsen
skal ophøjes
afsyres
sælges dyrt
og elskes af mange
og fedekalven skal slagtes

tell me about all the roses that
turn into daggers
when love doesn't get
proper conditions in which to grow
tell me about that
and not about
prison camps and
orphan children
and hunger and torture
I can't bear that
there is nothing worse
than the pain
that right now
fills me completely
fills the whole room

I surrender to
self-pity
let myself sink
down to the bottom of the amniotic fluid
wallow in my own hopelessness
witness my own burial:
daffodils on my coffin
and the whole family in black and wailing
and I sink
and grandma whispers
that he who has humbled himself
and tossed his life upon
the trash heap
will be raised up
stripped clean
sold dearly
and loved by many
and the fatted calf will be killed

og nu ligger jeg i mit
svaneæg
og venter spændt
og bedstemor synger
pludselig blotter hun sine tænder
og jeg river mig løs og flygter
skrigende
som sædvanlig

men jeg har stadig blomster og kager
og mit liv i behold

og jeg håber stadig på at møde
min rigtige bedstemor

and now I lay in my
swan's egg
waiting expectantly
and grandma is singing
suddenly she reveals her teeth
and I tear myself loose and escape
screaming
as usual

but I still have flowers and cake
and my life intact

and I still hope to meet
my real grandmother

Organismens funktion

mine hæslige øgler
leverer gødning
til de roser
og den timian jeg har
fået til at blomstre
i dine kloakker

så næste gang du brækker
ankel og håndled og kraveben
fordi du falder
over mine træsko
som jeg har ladet ligge og flyde
midt på gulvet
så husk at du netop
elsker mig for min
åndeløse iver og spontanitet
og evne til at glemme
alt omkring mig

og næste gang jeg beder dig
købe ind til en billig middag
og du kommer hjem med
farmerbøffer
og danske tomater
og rødvin (appellation controllée)
og brændte figener i cognac og
snegle i hvidløgssmør
så vil jeg huske at
din ustændige ødselhed
er en funktion af din
gnistrende optimisme som jeg
ikke kan leve foruden
når angsten for fremtiden knuger
og giver mig lyst til at

The Organism's Function

my hideous lizards
provide fertilizer
for the roses
and the thyme I have
gotten to bloom
in your sewers

so next time you break your
ankle and wrist and collarbone
because you trip
over my clogs
that I left lying out
in the middle of the floor
remember then that you love me
precisely for my
breathless eagerness and spontaneity
and ability to forget
everything around me

and next time I ask you
to shop for a cheap dinner
and you come home with
T-bone steaks
and Danish tomatoes
and red wine (appelation controlée)
and burnt figs in cognac and
snails in garlic butter
then I will remember that
your outrageous extravagance
is a function of your
sparkling optimism that I
could not live without
when the fear of the future oppresses me
and makes me want to

samle til bunke

du er en nødvendig
skærsommernatsdrøm
som jeg varmer mig ved
når den kolde aprilregn har
lagt mine påskeliljer ned

og jeg har indset at
hvis jeg sprøjter for dine
myggelarver
dræber jeg osse en sangfugl
som jeg har forelsket mig i

hoard things

you are a necessary
mid-summer night's dream
by which I warm myself
when the cold april rain has
flattened my daffodils

and I have realized that
if I spray your
mosquito larvae
I will also kill a songbird
that I have fallen in love with

Skyggerne

vennernes latter
og vittigheder
masser af solskin
og sex
min dyne
små fingre
og varme øjne
Karelia-suiten
for fuld udblæsning
og "Matador" i TV
kan sommetider
holde skyggerne
lidt på afstand.
Det er jeg glad for

men de forsvinder aldrig helt
for jeg ved ikke
hvor de kommer fra

The shadows

the laughter of friends
and jokes
lots of sunshine
and sex
my duvet
small fingers
and warm eyes
the Karelia Suite
on full blast
and Matador on TV
can sometimes
keep the shadows
at a distance
I'm glad

but they don't disappear completely
because I don't know
where they come from

Min datter

jeg havde forestillet mig hende
nærmest
som en forlængelse af mig selv
som et kostbart smykke
jeg kunne pynte mig med
en egenskab
som ville gøre mig
mere betydningsfuld
i andres øjne

jeg havde set os svæve
hånd i hånd
på en blomstret eng
i slowmotion
til Albinonis Adagio
med glorier
om vores hår (Elida Guld)
Moderen, Datteren og den Friske Ånd
fra Ultra Brite
zoomet ind
i en hjerteformet linse

jeg havde
forestillet mig os på Strøget
sammen
hun i bæresele på min mave
jeg i min hvide kjole
og de lyserøde sko
med ankelremme
som jeg købte i London
sidste sommer
smil i forbipasserende øjne:
se de to
er de ikke søde?

My daughter

I had imagined her
mostly
as an extension of myself
like an expensive piece of jewelry
I would decorate myself with
an attribute
that would make me
more important
in the eyes of others

I had pictured us drifting
hand in hand
over a flowered meadow
in slow motion
to Albinoni's Adagio
with halos
around our hair (Breck Gold)
The Mother, The Daughter and the Fresh Spirit
of Ultra Brite
zoomed in on
through a heart-shaped lens

I had
imagined us on the Strøget
together
her in the baby carrier on my belly
me in my white dress
and the pink shoes
with the straps
that I bought in London
last summer
smiles in the eyes of passers by
look at those two
aren't they sweet?

jeg havde strikket
en sparkedragt til hende
med kvindetegnet
i rødt på maven
med en knytnæve indeni

jeg havde syet hende en vest
med Atomkraft-Nej Tak
i stramaj på ryggen
sat emblemer på barnevognen
ud af E. F.
og En Rød Første Maj
og Vedvarende Energi

men da hun endelig kom
viste det sig
at vi ikke altid
klædte hinanden
lige godt

hun skriger
når jeg vil sove
hun sover
når jeg vil lege
hun skider
når jeg vil hygge mig
hun lugter af gylp og sure tæer
hun brækker sig ned ad
min hvide kjole
og hendes øjne matcher ikke
med de lyserøde sko fra London

Jeg har smidt emblemerne ud
sammen med vesten og sparkedragten
for jeg er pludselig
kommet i tvivl

I had knitted
a onesie for her
with the woman symbol
in red on the stomach
with a fist inside

I had sewn her a vest
with No More Nukes
in canvas on the back
put emblems on her baby carriage
Out of E.U.
and A Red May 1st
and Sustainable Energy

but when she finally arrived
it turned out
that we didn't always
look so good
together

she screams
when I want to sleep
she sleeps
when I want to play
she shits
when I want to relax
she smells like spit-up and stinky feet
she throws up down the front of
my white dress
and her eyes don't match
my pink shoes from London

I have thrown away the emblems
along with the vest and the onesie
because suddenly
I am feeling doubtful about

om hendes holdning til
kvindesagen
E.F.
energispørgsmålet
og første maj

jeg slipper hende ud af
Treenigheden
så jeg kan se
hvem hun egentlig er
har pludselig fået lyst til
at lære min datter at kende

her position on
feminism
E.U.
the energy question
and May 1st.

I release her from
The Trinity
so I can see
who she really is
suddenly I want
to get to know my daughter

Translator's Note: Strøget is the main shopping street in Copenhagen. Red is the traditional color for banners at International Workers Day celebrations, held May 1.

Ingenmandsland

så slap man af med ens barndom
uden at blive voksen
slap af med sin mødom
før det blev for sent
slap ud af de glade tressere
uden at have noget
håndgribeligt med sig
slap af med de gamle drømme
uden at blive færdig med dem
og med de nye
før man nåede at tage dem i brug
slap underligt uset ud af bagdøren
uden at vide
hvor man skulle gå hen
men hvorfor fortvivle?
i Ingenmandsland
står alle dør jo åbne
man sidder og leger
med en klump ler
som har været
skoleelev
forskræmt og for lille
Beatles-fan
konfirmand
pacifist
Bob Dylan fanatiker
flipper
blomsterbarn
søndagsmarxist
bryggeriarbejder
frelst
studerende
anarkist
kritisk over for ugebladene

No man's land

so I got rid of my childhood
without growing up
got rid of my virginity
before it was too late
got out of the happy '60s
without having
anything tangible
got rid of the old dreams
without being done with them
and with the new ones
before I was able to use them
got out strangely unnoticed through the backdoor
without knowing
where I was going
but why despair?
in No man's land
of course all doors are open
you sit and play
with a lump of clay
that has been
a school child
timid and too small
a Beatles fan
a confirmand
a pacifist
a Bob Dylan fanatic
a hippie-freak
a flower child
a weekend marxist
a brewery worker
saved
a student
an anarchist
critical of the weeklies

bange for at blive for tyk
og for aldrig at blive gift
frigjort
bevidst
demonstrant
deprimeret
rødstrømpe
med masochistiske sex-drømme
modstander af E.F. og atomkraft
presser det bløde ler
lidt vemodigt
ud mellem fingrene

afraid of getting too fat
and of never getting married
liberated
aware
a demonstrator
depressed
a feminist
with masochistic sex-dreams
an opponent of E.U. and nuclear power
press the soft clay
somewhat sadly
out through my fingers

Lykken

før hun mødte
den store kærlighed
tænkte hun på den
næsten hele tiden
om aftenen lå hun
i sin smalle seng
og drømte om at ligge
i en mands stærke arme

nu da hun havde mødt
kærligheden
vidste hun ikke
hvad hun skulle tanke på
om aftenen lå hun
i sin mands arme
og kunne ikke finde på noget
at drømme om
hun var rastløs
i sin fritid
for hun syntes
hun burde lave noget fornuftigt
kunne ikke være bekendt
at være uoplagt
når nu hun havde fundet
lykken

da hun var barn
havde hendes veninde skrevet
i hendes poesibog
lykken er
som en lille fugl
der flyver og kommer tilbage
gid den hos dig må finde et skjul
og bliver der alle dage

Happiness

before she found
true love
she thought about it
almost all the time
in the evenings she lay
in her narrow bed
dreaming about lying
in a man's strong arms

now that she had found
love
she didn't know
what she should think about
in the evening she lay
in her husband's arms
and couldn't think of anything
to dream about
she was restless
in her spare time
because she thought
she ought to do something sensible
couldn't in all decency
be out of sorts
when now she had found
happiness

when she was a child
her friend had written
in her poetry book
happiness
I have heard
comes and goes
like a little bird

og nu havde
det fjollede fjerkræ
åbenbart
slået sig ned hos hende
og hun anede ikke
hvad søren hun skulle
stille op med det
sommetider
havde hun lyst til
at ødelægge det hele
bare for at gøre det
hun var vant til
at se tv
og læse blade
og drømme om lykken
og hun gad ikke
høre fuglesang

*may it find with you
a place to nest
and live forever
at your breast*
and now that
silly bird
evidently
had come to stay with her
and she had no idea
what the heck she was
going to do with it
sometimes
she wanted to
spoil the whole thing
just for the hell of it
she was used to
watching TV
and reading magazines
and dreaming about happiness
and she didn't feel like
hearing birdsong

Passionsfrugter

trætheden
ridser kedelige mønstre
ind i knoglerne

og de safrangule silkelagener
med østafrikanske elskovsdigte
broderet på
i rødt og lilla
ligger begravet
på bunden af snavsetøjskurven
og der bliver længere og længere ned

der er atten måneders ventetid
på en institutionsplads

der er ingen elevator
på Husum station

der er skarlagensfeber
og røde hunde
maveinfektioner
og halsbetændelse
i vuggestuen
konstant
fordi desperate forældre
må aflevere deres syge børn
af angst for at miste jobbet

hvis kærligheden skal overleve
småbørnsperiodens udmarvende
stafetløb
skal der nok være mere
skulder ved skulder
end cheek to cheek

Passion fruit

fatigue
scores tiresome patterns
into one's bones

and the saffron-yellow silk sheets
with african love poems
embroidered on them
in red and purple
lie buried
on the bottom of the basket of dirty laundry
which gets deeper and deeper

there is an eighteen-month waiting list
to get a daycare spot

there is no elevator
at Husum Station

there's scarlet fever
and rubella
stomach viruses
and throat infections
at the daycare
constantly
because desperate parents
have to drop off their sick children
for fear of losing their jobs

if love is going to survive
infancy's all-consuming
relay race
we're certainly going to need more
shoulder to shoulder
than cheek to cheek

hvis kærligheden
overhovedet skal overleve
mødet med
sine egne frugter
skal den være slidstærk og vendbar
og fuld af små
hemmelige lommer
med brombær
kanel
og sneglehuse
og smukke sange
og god tobak

er det måske
for meget forlangt?

if love
is going to survive at all
being confronted with
its own fruit
it must be
durable and reversible
and full of small secret pockets
with blackberries
cinnamon
snail shells
and pretty songs
and good tobacco

or is that
asking too much?

Atlantis

Jeg husker
den årlige Tivoli-tur
hvor jeg altid
trak min får og mor
ind mod midten af haven
væk fra stakittet
væk fra verden
udenfor
så jeg kunne bilde mig ind
at hele verden var Tivoli
og Tivoli var hele verden

og jeg husker hvert år
juleaften
når juletræet blev slukket
og det elekriske lys
bar julen ud
og bragte hverdagen
ind i stuen igen

jeg har længtes efter
et eller andet
lige så længe jeg kan huske

et eller andet
jeg ved ikke hvad
og der er ellers tilbud nok
i biograferne
hos terapeuterne
på diskotekerne

der ligger en skat begravet
på bunden af menneskers længsel
efter Det tabte Land

Atlantis

I remember
the annual Tivoli visit
where I always
pulled my mother and father
into the middle of the lawn
away from the fence
away from the world
outside
so I could imagine
that the whole world was Tivoli
and Tivoli was the whole world

and I remember each year
christmas eve
when the christmas tree candles were snuffed out
and the electric lights
carried christmas away
and brought the everyday
back to the living room

I have yearned for
something or other
for as long as I can remember

something or other
I don't know what
and there are enough things to choose from
in the movie theaters
at the therapists
at the nightclubs

a treasure lies buried
at the bottom of people's longing
for The Lost Land

og der er nok
til alle dem
som har sans for forretning

and there is enough
for all of them
who have a knack for business

TRO

da jeg var ni år
var jeg så heldig at
vinde et frimærke
helt fra Ghana
og fra den dag følte jeg mig
forpligtet til
at begynde at samle på frimærker
for vores frøken havde sagt
at alle frimærkesamlere
skulle række hånden op
da vi skulle trække lod om frimærket
henne i klassen
og jeg havde rakt hånden op
selvom jeg ikke var
frimærkesamler
men jeg tænkte at
hvis jeg begyndte at
samle fra nu af
var det sikkert godt nok
og jeg samlede faktisk
i årevis og blev
helt interesseret i frimærker
særlig dem fra fjerne lande
de var som små
vinduer
ud til den store verden

da jeg var syvogtyve
var jeg så heldig at
få et barn
og fra den dag følte jeg mig
forpligtet til at
begynde at tro på fremtiden
for min samvittighed havde sagt mig

Belief

when I was nine
I was lucky enough to
win a postage stamp
all the way from Ghana
and from that day on I felt
obligated to
collect stamps
because our teacher had said
that all stamp collectors
should raise their hands
since we were going to draw lots for the stamp
there in the class
and I raised my hand
even though I wasn't
a stamp collector
but I thought that
if I began to
collect them from now on
that must be good enough
and I actually collected stamps
for years and got
very interested in stamps
especially ones from distant countries
they were like small
windows
onto the big world

when I was twenty-seven
I was lucky enough to
have a child
and from that day on I felt
obligated to
start believing in the future
because my conscience had told me

at det kun er dem som tror på fremtiden
der kan tillade sig at få børn
og fremtiden
har jeg ikke troet på
siden 1973
da der blev oliekrise
og jeg lå vågen nat efter nat
og fablede om et
istidsagtigt Nordeuropa
når der blev lukket for varmen
og krig og nød og tæring og svindsot
og arbejdsløshedens spøgelse
lurede bag hvert
gadehjørne

men jeg tænker at
hvis jeg begynder at tro
på fremtiden
fra i dag
er det sikkert godt nok

that only those who believe in the future
can permit themselves to have children
and I hadn't believed
in the future
since 1973
when there was an oil crisis
and I lay awake night after night
fantasizing about a
Northern European ice age
when they shut off the heat
and war and affliction and consumption and tuberculosis
and the specter of unemployment
lurked around every
street corner

but I think that
if I start believing
in the future
from today on
that must be good enough

Sandheden

jeg var cirka tolv år
da jeg fik en anelse
om at det med sandheden
nok ikke var så ligetil
det var da forslaget om
jordlovene
skulle til folkeafstemning
og det væltede ind ad vores
brevsprække
med propaganda
for og imod
og da jeg læste det
syntes jeg at
det hele lød rigtigt
og det kunne jo ikke passe
men det gik op for mig
at de røde svin
ikke var mystiske lyssky væsener
men blandt andet
den mest populære pige i gårdens
forældre
og jeg fandt ud af
at kommunister
nok alligevel ikke
var skumle mænd som gik i
længe sorte frakker
og skrev på murene om natten
og jeg mere anede end forstod
at jeg aldrig ville blive i stand til
at se en sag fra alle dens sider
på én gang
og foretage en sammenligning

The Truth

I was about twelve
when I got the feeling
that the thing we call truth
probably wasn't so straightforward
that was when the proposal for
land reform
was going to be voted on in a referendum
and our mailbox was
stuffed
with propaganda
for and against
and when I read it
I thought that
it all sounded good
and that didn't make any sense
and I realized
that the dirty reds
were not mysterious shady beings
but were among others
the parents
of the most popular girl in our building
and I discovered
that communists
probably were not
grumbling men in
long black coats
who painted graffiti at night after all
and I more sensed than understood
that never again would I be able to
see a cause from all sides
at one time
and make a comparison

og jeg har stadig ikke
gennemskuet noget
men det er svært at slippe
fornemmelsen af at man altid kan
se løsningen
nederst på side fireogfirs
og hvem der er morderen i
slutningen af kriminalromanen
at man bare skal
forske tilstrækkeligt meget
se at få snakket ud om tingene
spole tilbage
og se hvad der skete
gå til primalterapeut
og blive hypnotiseret
så man kan huske en episode
fra sine forældres spæde barndom
så vil alle brikkerne
pludselig falde på plads

og myten om
sagens kerne
bliver et mere og mere
smertefuldt bekendtskab
efterhånden som
informationseksplosionen
slynger os længere og længere
ud i rummet

men jeg har fundet
ud af to ting:

at sandheden aldrig kan findes
kun formes
af én selv
med de til rådighed stående
materialer

and I still cannot
discern things
but it's hard to let go of
the feeling that I always can
look up the answer
at the bottom of page eighty-eight
and who's the murderer at
the end of the crime novel
that you just have to
do enough research
make sure you talk things through
rewind
and see what happened
go to a primal therapist
and get hypnotized
so you can remember an event
from your parents' early childhood
then all the pieces
will suddenly fall into place

and the myth of
the root of the problem
turns into a more and more
painful acquaintance
gradually as
the information explosion
hurls us farther and farther
out into space

but I have discovered
two things:

that the truth can never be found
only formed
by oneself
with those materials
that are on hand

og at det ikke er nogen
undskyldning for
at lade være

and that that is no
excuse
not to try

NOGET

der er noget
et eller andet sted
et hjerte
eller en rytme
som holder det hele i gang
noget
som aldrig kan gribes
og som derfor
heller aldrig
kan ødelægges
helt

vi søger efter det
hele tiden
og vores søgen kaldes
poesi
eller kærlighed

Something

there is something
somewhere
a heart
or a rhythm
that keeps everything going
something
that can never be grasped
and therefore
never can
be destroyed
not completely

we are searching for it
all the time
and our search is called
poetry
or love

Translator's Afterword:

A Letter Came

Marianne Koluda Hansen was an author – a forgotten author. She died in February 2014. In November that year I went to visit her widower, Søren Andersen, at their home outside Copenhagen, where I was in the city for an international gathering of Danish literary translators. After meeting me at the bus, Søren and I walked past the apartment where he and Marianne first lived when they got married 36 years before. It was here she wrote her first book of poems.

After their first child was born they moved a couple of blocks away to a neat and cozy house and she began her career – as an editing consultant for a Danish publishing house, and then as a teacher of English and Danish at a school for adults studying to earn their high school equivalencies. Marianne published her second book of poems in 1980, and then a novel. As we sat in their dining room, over coffee and pastry, Søren told me stories from their life together and showed me a binder of reviews, newspaper clippings, book contracts and announcements from her brief literary career.

He told me that Marianne suffered from emotional swings from the start. She was pretty and charming and quite a firebrand. She was the motivational force behind innovative celebrations at the school, she rode her bicycle long distances for work and errands, and she was a dedicated, caring mother. She took medication to help weather the emotional downturns, but it was not always effective. Her students loved her, but there were days when she refused to go to work. She gained weight, lost it again, gained it again. Her childhood haunted her. Memories of her parents fights, her need to protect her little sister, her attempts to protect her parents from one another, stayed with her, unresolved. Eventually, after thirty years in teaching, her work habits became so hampered that she lost her job.

After that, she rarely went out. Marianne slept for long periods and smoked thirty cigarettes a day in an upstairs room where the walls yellowed. Søren did all the shopping, food preparation and household chores . Then she suffered a brain aneurysm followed by three strokes. She first lost the use of her left arm, then the ability to walk and then the ability to breathe on her own. She lay in the hospital, attached to a respirator, drifting in and out of consciousness.

That is when a letter arrived to their house from a translator (me) in the US. I had seen three of her poems in a used anthology from 1979 and was totally taken by them. In my letter I asked to be sent her books and I asked for permission to find publishers for her work in English. Søren took the letter with the translated poems to the hospital and read it all to her. He saw how happy she was. She nodded that she wanted Søren to do this for her. Then Søren left her room.

Fifteen minutes later their son, Kasper, arrived at her bedside. Under the respirator she said, "A letter came." Those were her last words. She never regained consciousness, and Marianne died shortly thereafter.

Sitting across from Søren, I handed him ten copies of the audiobook I had produced of Mariannes's poetry in English translation, for him to share with their family and friends. I was also able to tell him that several of my translations of Marianne's poetry were accepted for publication in journals by Columbia University, Stanford, Smith College and the International Poetry Review. I had translated two of her poetry collections in their entirety, but I could not predict if they would ever make it into print.

We went upstairs to make copies of some of the old newspaper clippings so I could take them back with me. The copy machine stood on a desk in the room where Marianne had spent her last days before her hospitalization. The walls had been cleaned thoroughly and painted white.

Michael Goldman
August, 2016
Florence, Massachusetts

Marianne Koluda Hansen (1951-2014), born on the island of Bornholm, lived most of her life in Copenhagen, Denmark, where she wrote four books of poetry and one novel. She received her teaching degree in 1979 and taught English and Danish at a school for adults for 30 years. Also, she was an artist who held several exhibitions.

Founder of Hammer and Horn Productions, **Michael Goldman** promotes and translates works of Danish literature. He has received numerous translation grants for his work with 6 distinguished Danish writers. Over 100 of Goldman's translations of poetry and prose have appeared in literary journals such as Rattle, World Literature Today, and The International Poetry Review. The Midwest Book Review calls his series of poetry audiobooks "superb choices for connoisseurs of multicultural poetry, worthy of the highest recommendation." His translated book publications include *Farming Dreams* by Knud Sørensen, *Fragments of a Mirror* by Knud Sønderby and *Stories about Tacit* by Cecil Bødker. He lives in Florence, Massachusetts, USA. hammerandhorn.net

www.ingramcontent.com/pod-product-compliance
Lightning Source LLC
Chambersburg PA
CBHW021438080526
44588CB00009B/581